Plantas & Humanos
UMA AMIZADE HISTÓRICA

PLANTAS PARA
COMIDAS

LUIZ MORS CABRAL

Editora Europa

Capítulo 1
O INÍCIO DE UMA AMIZADE

"...Embora o homem não possa causar ou impedir a variabilidade, ele pode selecionar, preservar e acumular as variações dadas a ele pela mão da natureza de qualquer maneira que ele escolha; e assim ele certamente pode produzir um grande resultado. ..."

Charles Darwin em "A Origem das Espécies por Meio da Seleção Natural"[1]

Na gravura de Jean-Baptiste Debret "Botocudos, Puris, Pataxós e Machacalis" há um cesto de mandioca na cabeça de uma das índias, mas a domesticação começou muito antes

Imagine uma primavera há muitos milhares de anos atrás. Uma longa era do gelo havia acabado recentemente e um pequeno grupo nômade mantinha-se em movimento. Aventurando-se longe de seu território ancestral, caminhava pelo local onde hoje se situa a Floresta Amazônica. Encontrando uma clareira adequada perto da curva de um rio sinuoso, eles decidem que aquele é um bom lugar para um acampamento. No novo ambiente constroem abrigos simples de palha para dormir, armazenar seus poucos pertences e proteger suas famílias das intempéries. Neste momento, os seres humanos ainda não haviam desenvolvido técnicas para o cultivo de plantas. Como todos os outros povos durante esta era antiga, esse grupo dependia completamente da caça e da coleta.

PLANTAS & HUMANOS | UMA AMIZADE HISTÓRICA

As mulheres passavam grande parte do dia procurando e coletando frutas silvestres, raízes, grãos, vegetais, larvas, lenha e fibras para fazer cordas. Enquanto isso, homens rastreavam e perseguiam macacos, tartarugas, tatus, tamanduás, pássaros e outros animais terrestres na floresta. O rio adjacente ao novo assentamento oferecia água e prometia outros recursos naturais importantes, como peixes, tartarugas e jacarés.

Nas redondezas existe abundância de alimentos, que eles vão esgotar ao longo de alguns meses. Talvez consigam permanecer um pouco mais, por um ou dois anos, até que finalmente a escassez os conduza para um lugar novo, ainda inexplorado e, portanto, com mais recursos. Mas, por enquanto, o local é adequado, e consegue manter o grupo. Em suas caminhadas diárias em busca de alimentos, as mulheres identificam mandiocas selvagens. As folhas palmadas de coloração verde, o pecíolo avermelhado, o caule em tons de marrom-claro anunciam as desejadas raízes de casca áspera que, ao longo dos últimos milênios, os habitantes pioneiros da Amazônia haviam aprendido a consumir em segurança, evitando seus perigos.

Nos bons dias de coleta, enquanto a floresta próxima ao assentamento ainda havia sido pouco explorada, a abundância era tanta que elas podiam se dar ao luxo de escolher o que levar, e as raízes mais robustas eram as preferidas. Tendo dificuldade em transportar tudo que encontravam para casa, plantas menores eram deixadas para trás. Acontece que a

Os restos dos vegetais encontrados e comidos pelos caçadores-coletores eram jogados perto dos assentamentos e viravam novas plantas

mandioca tem uma característica incrível, que os habitantes tradicionais ainda desconheciam. Durante seu laborioso preparo, as ramas eram retiradas e jogadas na periferia do acampamento. E esse ato tão simplório e descompromissado de se livrar de uma parte inutilizada da planta era o suficiente para disparar sua reprodução. Essa é uma das suas magias: basta uma pequena estaca enterrada no solo para gerar uma planta nova.

Com o passar do tempo aquele grupo perturbava cada vez mais a clareira em torno de seu assentamento. Fezes, urina, carcaças de animais e outros dejetos criavam lentamente um solo rico em nitrogênio. Ao alterarem o ambiente naquela região abrindo uma clareira para seu acampamento, favoreciam involuntariamente várias plantas amantes do sol. Nessas ciscunstâncias, as ramas de mandioca descartadas encontravam condições ideais para seu desenvolvimento.

Com o passar do tempo, enquanto passeiam em busca de frutas e raízes,

Em cada região do planeta os primitivos seres humanos aprendiam com as plantas que nasciam naturalmente para iniciar a domesticação. Na Amazônia, foi a mandioca

as mulheres não podem ignorar as mandiocas que agora crescem nas redondezas do assentamento. Mas aquelas já não são plantas totalmente selvagens. São resultado de uma primeira etapa de seleção, feita pelas mulheres daquela tribo pré-histórica, e carregam o material genético de plantas de raízes grandes. Formam uma plantação não planejada, mas muito bem vinda, onde todas as plantas oferecem raízes grandes. São a certeza de fartura!

A humanidade está começando, lentamente, a entender os ciclos de plantio e produção de plantas e dando o mais importante passo em sua história. O ano é 10.000 a.C., e este processo não está acontecendo apenas com a mandioca. Ao selecionar plantas com as características mais adequadas e auxiliar na sua reprodução, esses agricultores primitivos estão praticando o que hoje conhecemos como seleção artificial, e conduzindo essas plantas em seus primeiros ciclos de domesticação.

Esse processo de melhoramento vegetal acompanha a humanidade desde os primórdios da civilização, quando os primeiros agricultores levaram sementes das árvores que produziam as frutas mais suculentas, ou talos de grãos mais carregados e os plantaram perto de suas casas. Ao fazê-lo, nossos antepassados iniciavam o processo lento e contínuo de domesticação de plantas selvagens. Ao escolherem, geração após geração, as sementes que deviam ser preferencialmente plantadas, eles maximizaram qualidades desejáveis e minimizaram as indesejáveis, frequentemente salvando da obscuridade um indivíduo com uma característica que é rara na natureza, tornando o que seria uma exceção dentro de uma população em um progenitor de uma nova variedade.

A domesticação das plantas alterou de forma definitiva o curso da história humana. Interações como esta entre humanos e plantas foram

Geração após geração, as sementes que deveriam ser domesticadas eram selecionadas, e isso fez com que características raras fossem levadas adiante e dessem origem a novas populações

a ponte entre a vida de caçadores-coletores e a agricultura, e estimulou o surgimento das cidades e da civilização moderna. Ainda hoje dependemos de plantas que foram domesticadas há mais de 10.000 anos em lugares tão diversos como a América Central, a Nova Guiné e o Crescente Fértil.

Mas o que direcionava os processos de domesticação? O que tornava uma alteração em uma planta algo desejável, a ponto de ser selecionada? Algumas características parecem óbvias: raízes maiores são algo muito desejável, já que oferecem mais carboidratos e, portanto, mais energia. Plantas que resistiam a secas prolongadas prometiam manter o grupo alimentado em momentos difíceis, quando o clima não cooperava. Plantas mais altas traziam mais fibras em seus caules, abastecendo a tribo de cestos ou facilitando a construção de abrigos. Outras mudanças são mais sutis, embora, nem por isso, menos importantes: pimentas mais ardentes temperavam a comida (além de terem outras utilidades, conforme veremos mais à frente), enquanto urucum com maior conteúdo de pigmento facilitava as pinturas ritualísticas.

Nesta série, trataremos disso: como a domesticação alterou as plantas que tanto gostamos e das quais tanto dependemos. Como a humanidade as modificou, lenta e pacientemente ao longo dos anos. E como, nesse processo, fomos também alterados por elas. ✶

WIKIMEDIA

Se uma planta tinha uma característica muito valorizada, era selecionada pelas tribos. Foi o que aconteceu com as pimentas mais ardidas e com os urucuns que tinham mais pigmentos

Capítulo 2
ARROZ, O GRÃO QUE DOMINOU O PLANETA

O arroz (*Oryza sativa*) trilhou um longo caminho até se tornar o grão mais consumido no mundo e que alimenta diariamente metade da população do planeta. Uma história que começa na China, há pelo menos 10 mil anos[2], quando populações do sudeste chinês, que naquela época davam os primeiros passos na agricultura, consumiam *Oryza rufipogon*, um grão selvagem que cresce nos pântanos daquela região. Lentamente esses agricultores foram selecionando alterações nessa planta e, eventualmente, estabeleceram a nova espécie *Oriza sativa*. Com o passar do tempo, novas etapas de domesticação aconteceram, diferenciando a *Oriza sativa* em subespécies (que hoje são 5: indica, japônica, japônica temperada, aus e aromática) e inúmeras variedades dentro de cada subspécie.

As duas subespécies mais importantes (japônica e índica) já eram conhecidas desde a dinastia Han (206 a.C. até 220 d.C.)[3]. Embora muito ainda se

Dez mil anos se passaram desde o início da domesticação do arroz até ele se tornar o grão que alimenta metade da população da Terra

As variedades de arroz consumidas hoje foram desenvolvidas na China a partir do *Oryza rufipogon*, um arroz selvagem que crescia no sudeste do país

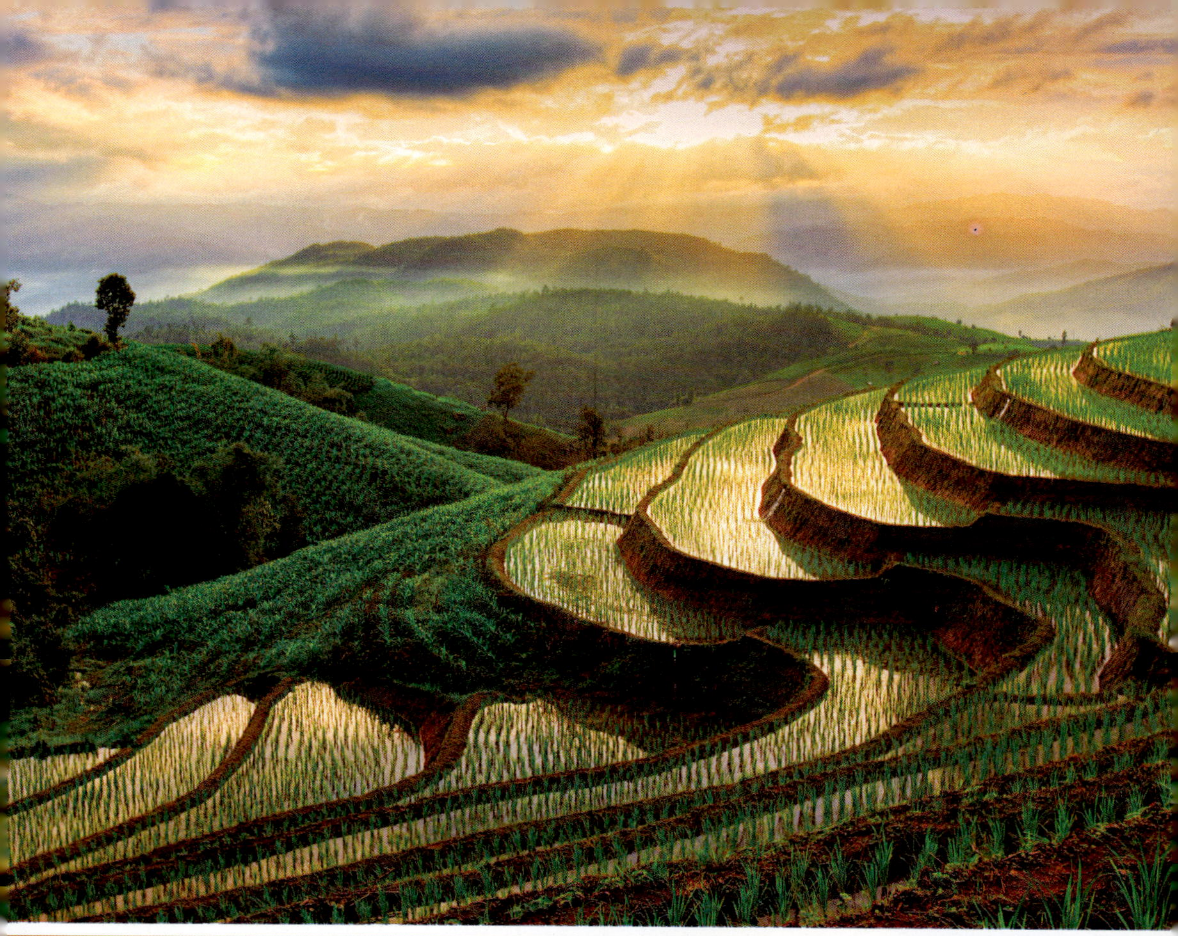
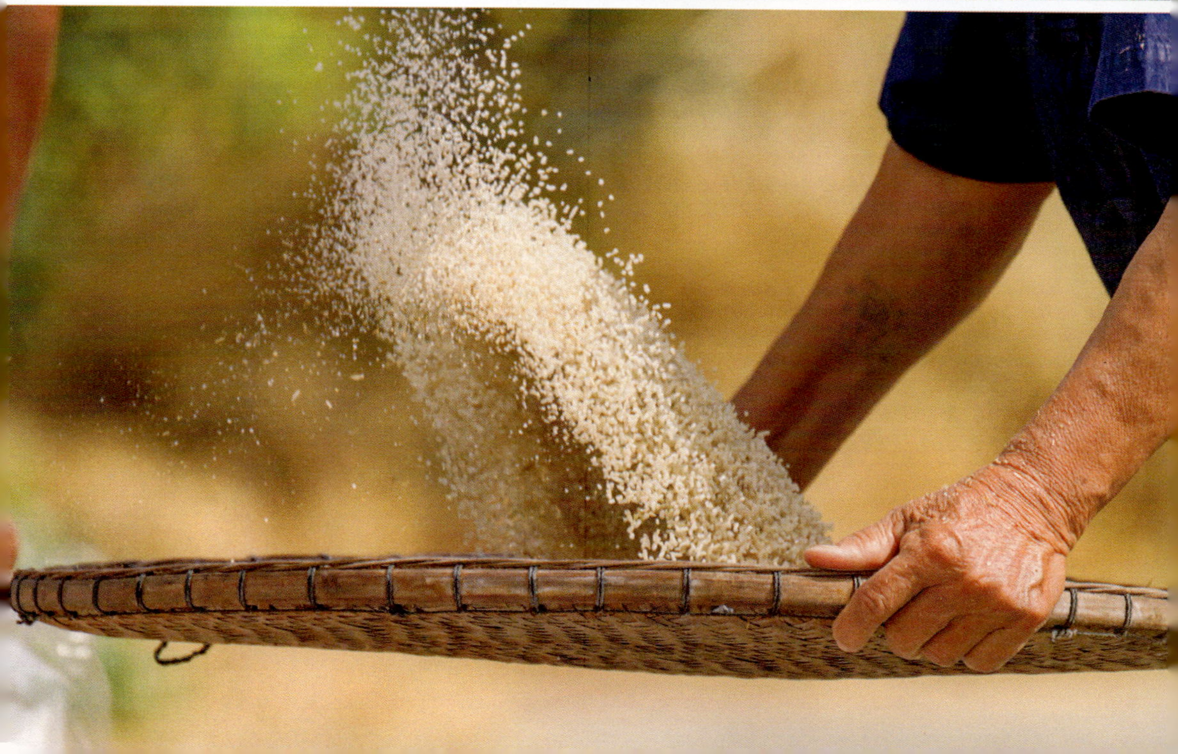

Agricultor no Vietnã leva mudas para novas plantações: os grãos maduros atualmente ficam presos à planta e não caem mais como antigamente

discuta em relação à história dessas variedades, a hipótese mais aceita hoje diz que a variedade índica foi a primeira a ser domesticada a partir de *Oriza rufipogon*, e que somente mais tarde a variedade japônica seria obtida a partir da índica. Isso é indicado pela grande semelhança existente entre índica e *rufipogon*[4]. Pode-se diferenciar de forma simples as duas principais subespécies de arroz observando tanto o grão cru como o cozido. De forma geral, o arroz tipo índica possui o grão mais longo e fino, e resulta em um arroz mais solto. As variedades consumidas no Brasil são do tipo índica. Já o arroz japônica é mais arredondado e, quando pronto, fica mais grudado. São os utilizados para sushi ou risoto.

Oriza rufipogon, o ancestral do arroz, ainda é comumente encontrado. Na realidade, é considerado hoje uma erva daninha para quem cultiva arroz, o que não deixa de ser irônico. Ele cresce no meio do arrozal e compete por espaço e nutrientes com as plantas de *Oriza sativa*, causando diminuição da produtividade final. Três características principais distinguem o ancestral *rufipogon* e as plantas domesticadas *sativa*. Três diferenças que dizem muito sobre o processo de domesticação: a perda da debulha, o aroma e a coloração da casca.

PERDA DA DEBULHA

Uma das mudanças mais comuns durante a domesticação de plantas é o desaparecimento ou diminuição da debulha natural. Esse processo aconteceu ao longo da domesticação não somente do arroz, mas também do milho, do feijão e de outras plantas importantes. Debulha é o evento de espalhamento dos grãos pelo chão, quando as sementes se soltam de seus receptáculos à medida que amadurecem. Esse evento é muito vantajoso do ponto de vista evolutivo porque permite a distribuição de sementes novas pelo espaço à volta da planta mãe, mas é muito ruim para o agricultor que tem que catar as sementes pelo chão. Para quem cultiva, quanto mais tempo o grão permanecer preso à haste da planta, menos o agricultor precisa se preocupar em monitorar o momento de fazer a colheita. Um gene, de nome Sh4 apresenta uma mutação em todas as cinco subpopulações de *Oriza sativa*, mas permanece inalterado no ancestral do arroz[5]. Esse gene apresenta nas variedades domesticadas a alteração de uma única letra na sequência do DNA, que faz com que ele perca sua função. Ele é responsável pela degradação da estrutura que prende os grãos ao seu receptáculo e, quando deixa de funcionar, faz com que a debulha não aconteça. É incrível como uma mutação simples pode resultar em um enorme benefício para o agricultor. A partir do momento em que a mutação ocorreu, aqueles agricultores não precisaram mais ir todos os dias ao campo para analisar e coletar, de forma manual, os grãos que estavam prestes a cair no chão. A perda na função do gene Sh4 fez com que grãos já maduros permanecessem presos à planta, permitindo que a colheita acontecesse quando todos os grãos já estivessem maduros.

BOM CHEIRO

Se a mutação no gene Sh4 permitiu uma vida mais cômoda para o agricultor, alterações no odor tornaram o arroz "irresistível" para quem o consumia. O cheiro é uma das diferenças principais que se percebe entre o arroz ancestral tipo *rufipogon* e muitas variedades modernas do tipo *sativa*. O composto 2-acetil-1-pirrolina (que chamaremos à partir de agora de 2AP)[6] é o principal responsável pelo do aroma do arroz. Esse cheiro é frequentemente chamado de "cheiro de pipoca" por uma razão muito simples: ele é exatamente o mesmo cheiro, causado pela mesma substância, que está presente no milho de pipoca (e também em várias outras plantas). A capacidade de produzir essa substância parece ter sido selecionada de forma independente em diversas plantas durante seus processos de domesticação. Um exemplo interessantíssimo de evolução convergente, quando uma mesma característica é selecionada de forma completamente independente em vários organismos. Nesse caso estamos falando de um cheiro "universal", que agrada praticamente a totalidade dos seres humanos e que, quando surgiu, não passou despercebido.

A concentração de 2AP nos diferentes tipos de arroz varia muito. As chamadas variedades aromáticas, tipo o arroz Basmati ou o Tailandês, possuem cerca de 100 vezes mais 2AP do que as variedades consideradas sem-aroma (com baixa produção de 2AP). Isso torna os grãos aromáticos muito mais valorizados. Na Índia a população mais pobre prefere comprar variedades mais baratas de arroz, com pequena concentração de 2AP, e através de um processo engenhoso "adicionar" o aroma ao arroz. Para isso eles adicionam folhas de uma planta chamada pandam (*Pandanus amaryllifolius*) durante o cozimento do arroz. Essa planta possui grandes concentrações de 2AP, e dessa forma aromatiza o arroz. Essa preparação é conhecida na Índia como "arroz de pobre". A base genética do tão desejado aroma de pipoca é um gene chamado betaina-aldeído desidrogenase, que apresenta uma mutação nas variedades domesticadas que aumenta à produção de 2AP.[7]

Reação de Maillard

O cheiro tão agradável de 2AP não é exclusividade das plantas. A substância é uma das produzidas durante o cozimento de carnes, batata e pão, e contribui para o cheiro agradável de muitas comidas. A diferença é que quando assamos pão ou carne, o 2AP não é produzido sozinho. Várias outras substâncias são produzidas, e todas juntas compõem o cheiro final. Por isso, é difícil associarmos cheiro de pão recém assado com cheiro de arroz ou pipoca, mas, apesar disso, o 2AP está lá, compondo o cheiro da comida. A produção de compostos aromáticos durante o cozimento

PLANTAS PARA COMIDAS | **LUIZ MORS CABRAL**

O cheirinho delicioso do arroz é obra da substância 2AP, que também é encontrada em outros alimentos, como o milho de pipoca. Uma mutação aumentou a concentração de 2AP nas variedades domesticadas de arroz

foi descrita em 1912 pelo químico francês Louis-Camille Maillard[10]. Ele identificou que os aromas eram resultado da reação de aminoácidos com açúcares e que nessa reação eram produzidos não somente compostos aromáticos, mas também substâncias que davam cor aos alimentos. A reação de Maillard (como ela é conhecida hoje) é o que faz com que batatas fritas fiquem douradas e pães assados ganhem cor, e é amplamente utilizada na indústria alimentícia para melhorar o aroma e a aparência de produtos. Infelizmente, para que a reação de Maillard ocorra, são necessárias altas temperaturas, e isso pode ser um problema. Um tempo maior que o necessário, ou a variação de temperatura durante a reação de Maillard, pode resultar na conversão de algumas moléculas de 2AP em acrilamida, uma substância com alto grau cancerígeno[11]. ✺

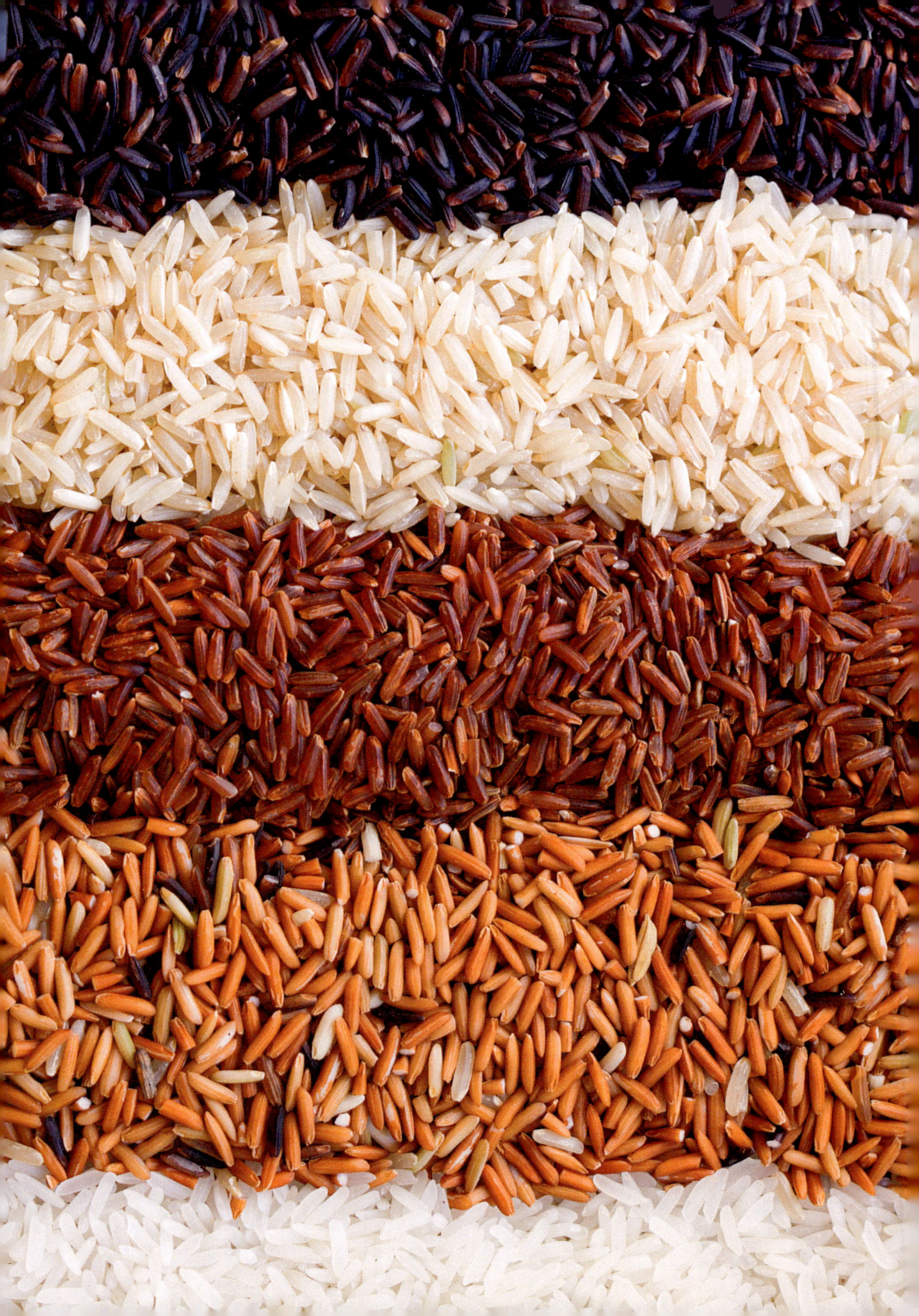

É pela casca que se diferencia o arroz: se for branca é uma espécie domesticada

COR

Outra importante diferença entre arroz selvagem e arroz domesticado é a cor da casca. Todas as variedades selvagens de arroz possuem casca vermelha, enquanto quase todas as variedades domesticadas possuem casca branca[8]. Uma região no genoma do arroz sofreu alteração entre a espécie ancestral e as domesticadas, uma deleção de 14 pares de base no DNA que faz com que as espécies domesticadas deixassem de produzir a cor da casca[9]. Essa característica da perda da coloração da casca sempre foi cercada de polêmica. Por que uma alteração estética como essa, sem resultado na composição nutricional ou no sabor seria alvo da seleção dos primeiros agricultores? Repare que essa não é uma alteração qualquer, mas está presente em quase a totalidade das variedades domesticadas. Portanto deve ter tido um papel importante, deve ter trazido algum benefício real. A vantagem parece ser relacionada à uma questão de higiene: em uma sociedade que ainda estava engatinhando, sem recursos tecnológicos, o armazenamento da produção agrícola era um problema. Nesse caso, possuir um alimento completamente branco pode ser uma grande vantagem, já que é muito mais fácil identificar impurezas, fezes de animais e outras sujeiras contra um fundo branco do que contra um fundo avermelhado. Identificar que seus estoques de alimentos estão infestados de ratos, por exemplo, pode evitar muitos problemas de saúde. Esse foi possivelmente o grande motivo para a seleção dos grãos brancos, o combate aos animais que se alimentavam da produção.

Falar sobre a domesticação do arroz é uma tarefa difícil. Muitas questões ainda estão abertas sobre que subespécies foram domesticadas primeiro, ou quantas foram as etapas principais de domesticação. Além disso existem centenas de subvariedades e cultivares cuja história ainda é desconhecida. Mas é incrível como mudanças em somente três genes causaram alterações tão dramáticas no grão, tornando-o mais fácil de ser plantado (fim da debulha natural), mas fácil de ser armazenado (alteração na cor da casca) e mais gostoso (acúmulo de 2AP). Três simples etapas de seleção que ilustram o que foi a domesticação de plantas e sua importância para a humanidade. ✳

Capítulo 3
DARWIN E A DOMESTICAÇÃO

A domesticação ocupa um lugar de destaque na obra de Darwin. O capítulo de abertura de "A Origem das Espécies" tem por título "Variação sob o estado doméstico"[1]. Para Darwin a seleção natural era um processo análogo à domesticação, e mais: era um modelo de como organismos eram capazes de variar e se adaptar, acumulando alterações e se distanciando uns dos outros ao longo do tempo. Quando sua teoria ainda estava sendo gerada, nos longos anos de estudo antes da publicação de "A Origem das espécies" Darwin dedicou muita atenção aos processos de seleção artificial, e foi neles que baseou um grande volume de conclusões cruciais para o desenvolvimento de sua teoria:

Muitas das conclusões que permitiram a Darwin criar a teoria da evolução vieram da observação de espécies domesticadas

> "Por mais lento que o processo de seleção possa ser, se o homem com suas debilidades pode fazer muito através de seus poderes de seleção artificial, não posso ver nenhum limite para a quantidade de mudanças, para a beleza e complexidade infinita das coadaptações entre todos os seres orgânicos, um com o outro e com suas condições físicas de vida, que podem ser geradas no longo curso do tempo pelo poder de seleção da natureza. (Charles Darwin 1859, p.109)

Os resultados de seus estudos sobre a domesticação foram publicados pela primeira vez em 1868 em seu segundo livro, "A Variação de Animais e Plantas sob Domesticação"[12]. Darwin percebeu que as plantas selvagens e domesticadas, quando comparadas, apresentavam a maior variação na parte da planta usada pelos humanos. Assim, o milho variava nas características relacionadas à quantidade de grãos ou tamanho das espigas, enquanto as batatas variavam no tamanho e na cor dos tubérculos. Outras regiões das plantas, de menor interesse para o homem, sofriam pouca ou nenhuma

Darwin identificou que plantas domesticadas e selvagens diferiam bastante nas partes usadas pelo homem. O milho, por exemplo, possui mais grãos e espigas maiores do que seu ancestral selvagem. Partes não utilizadas quase não variam entre plantas domesticadas e selvagens

PLANTAS & HUMANOS | UMA AMIZADE HISTÓRICA

DARWIN PERCEBEU QUE AS PLANTAS SELVAGENS E DOMESTICADAS, QUANDO COMPARADAS, APRESENTAVAM A MAIOR VARIAÇÃO NA PARTE DA PLANTA USADA

alteração.[12] E essas mudanças eram tão dramáticas que deram a Darwin a justa medida dos efeitos do processo de seleção artificial. Darwin usou esse conhecimento para explicar a variação nos animais e plantas endêmicas das Ilhas Galápagos:

> "Muitas vezes me perguntei quantos animais e plantas peculiares haviam sido produzidos: a resposta mais simples parecia ser que os habitantes das várias ilhas eram descendentes uns dos outros, sofrendo modificações no curso de sua descendência... Mas por muito tempo permaneceu para mim um problema inexplicável como o grau necessário de modificação poderia ter sido alcançado, e esse mistério teria permanecido para sempre, se eu não tivesse estudado as produções domésticas e, assim, adquirido uma ideia justa do poder da seleção".[12] ✴

Em Galápagos, Darwin se deu conta de que os animais e plantas das ilhas descendiam uns dos outros e haviam sofrido mudanças ao longo da descendência...

...mas foi o estudo das produções domésticas de plantas que deu a ele uma noção mais precisa do poder da seleção

Seleção natural x seleção artificial

Seleção natural é comumente considerada como "a sobrevivência do mais apto": a sobrevivência e o sucesso reprodutivo de alguns indivíduos de uma população, cujas características particulares os tornam mais adequados ao seu ambiente do que seus irmãos menos afortunados. Já a seleção artificial requer, além das circunstâncias ambientais, a presença de um agricultor para determinar quais os indivíduos possuem as características desejadas à serem passadas para a próxima geração. O agricultor tem o papel de permitir que apenas os indivíduos que apresentam as características mais desejáveis se reproduzam. ✪

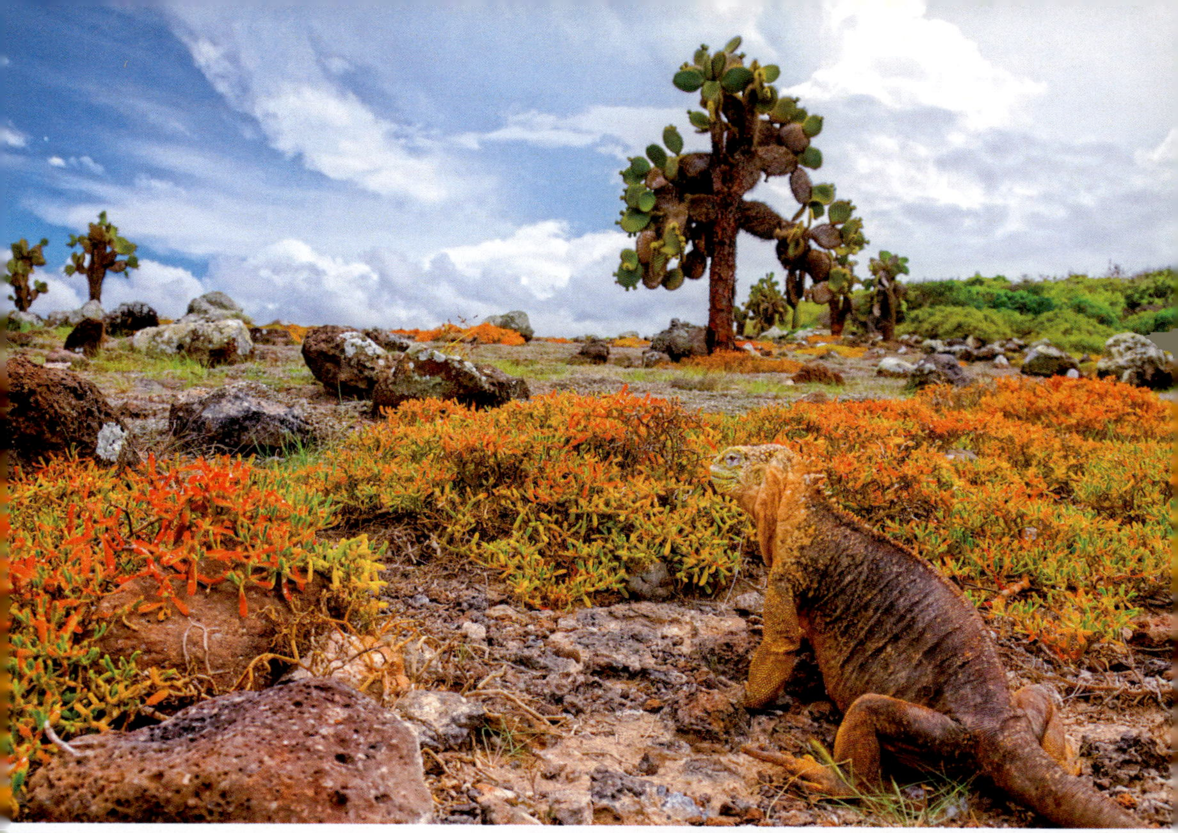
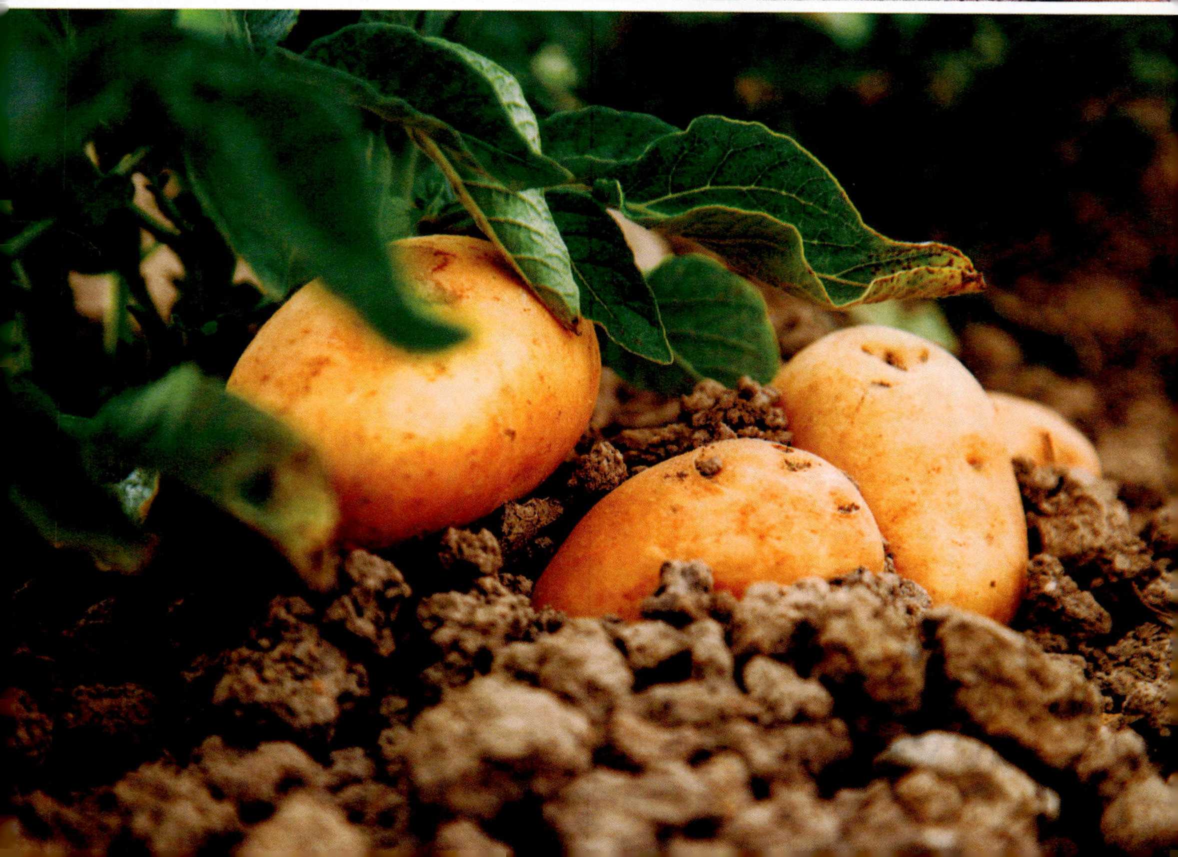

Capítulo 4
BRASSICA, UM EXEMPLO DE DOMESTICAÇÃO

Poucas espécies são mais interessantes para quem estuda domesticação do que a *Brassica oleracea*. Na realidade ela foi submetida diversas vezes a processos de domesticação. E cada um desses esforços de melhoramento foi focado na amplificação de diferentes estruturas da planta. O resultado de milhares de anos de seleção pode ser facilmente visto semanalmente em qualquer feira livre, de qualquer cidade do Brasil: uma variedade de plantas extraordinariamente diferentes que possuem o mesmo progenitor selvagem.

A *Brassica oleracea* é frequentemente encontrada em solos ricos em calcário. É natural de toda região costeira do Mediterrâneo. A cada dois anos ela usa as reservas de alimento armazenado durante o inverno em suas folhas para produzir as flores amarelas que vão garantir sua reprodução. A facilidade de desenvolver-se em solos calcários fazia com que a Grécia fosse um importante centro para crescimento da *Brassica oleracea*. Não à toa a mais antiga referência a ela está no "*De causis plantarum*"[13], escrito por volta do ano 220 a.C. por Teofrasto de Eresus, e acredita-se que foi lá que as primeiras domesticações tenham acontecido. O próprio Teofrasto menciona a existência de três variedades de Brassica, que ele chama de couve; couve verde e couve branca.

As folhas altamente nutritivas chamaram a atenção dos primeiros agricultores. Foram elas o alvo das primeiras etapas de domesticação. A *Brassica oleracea* selvagem possui folhas comestíveis, mas que são ricas em glucosinolatos, compostos muito amargos. Qualquer redução na quantidade de glucosinolatos era muito bem recebida pelos agricultores, porque o produto se tornava menos

---

Poucas espécies foram tão domesticadas quanto a *Brassica oleracea*. Na Grécia Antiga já existiam três variedades

---

Uma mutação fez com que, ao longo das gerações, o talo das *Brassicaceae* encolhesse e as folhas ficassem mais condensadas

---

A *Brassica oleracea* dá flores, mas só a cada dois anos. É preciso garantir a reprodução

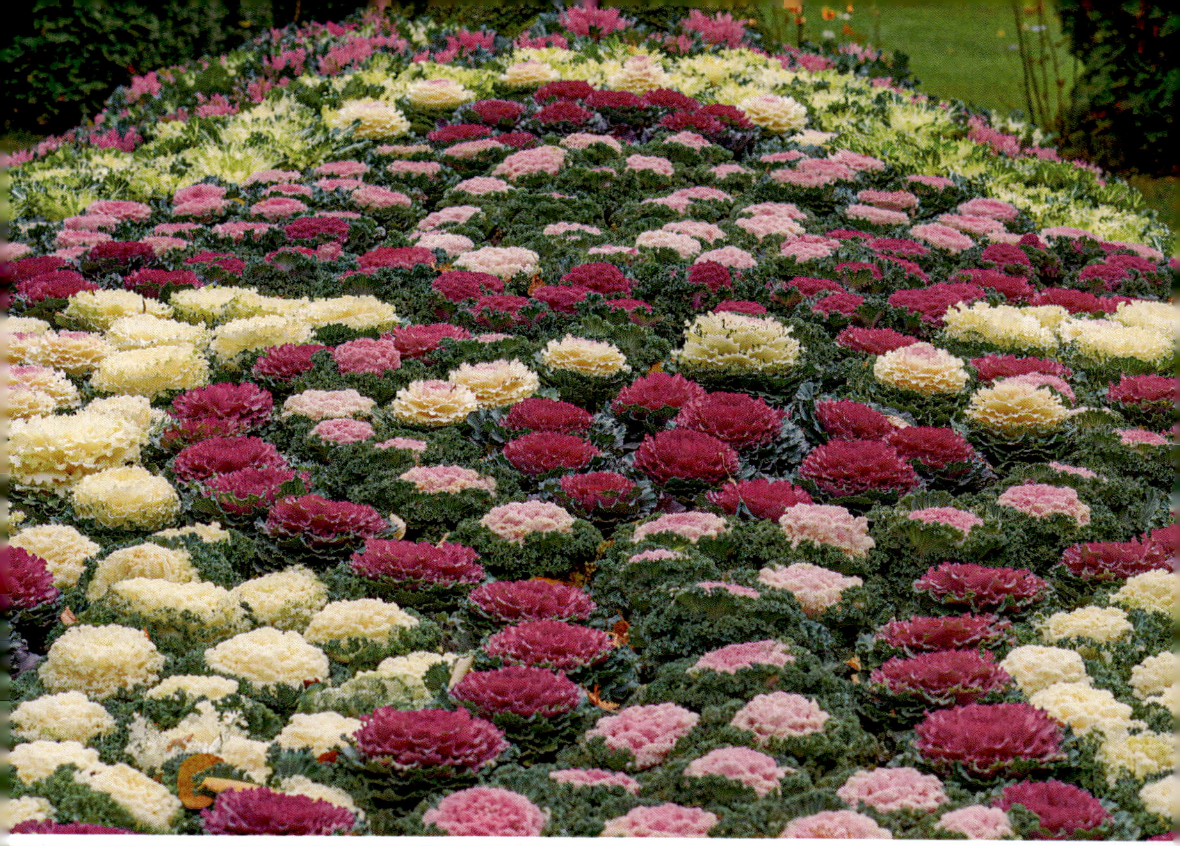

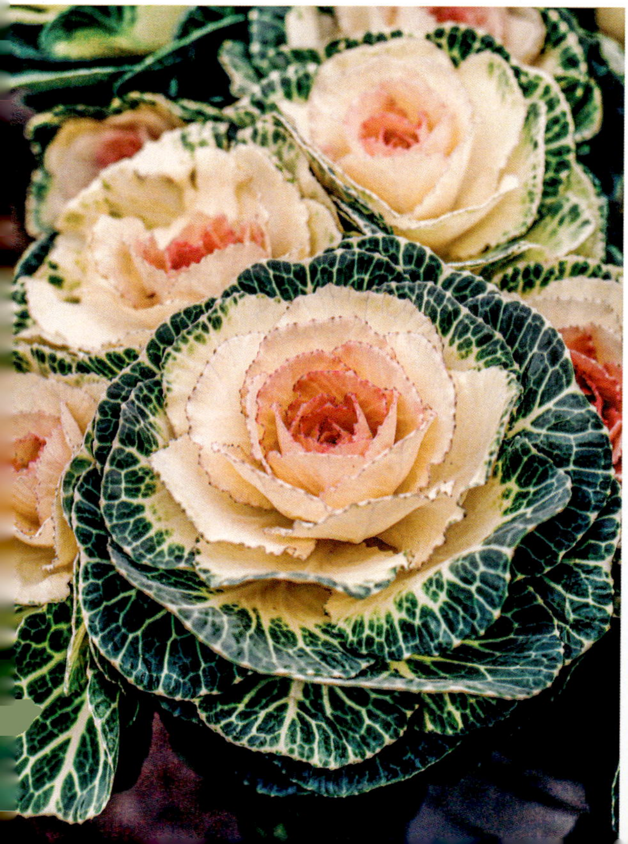

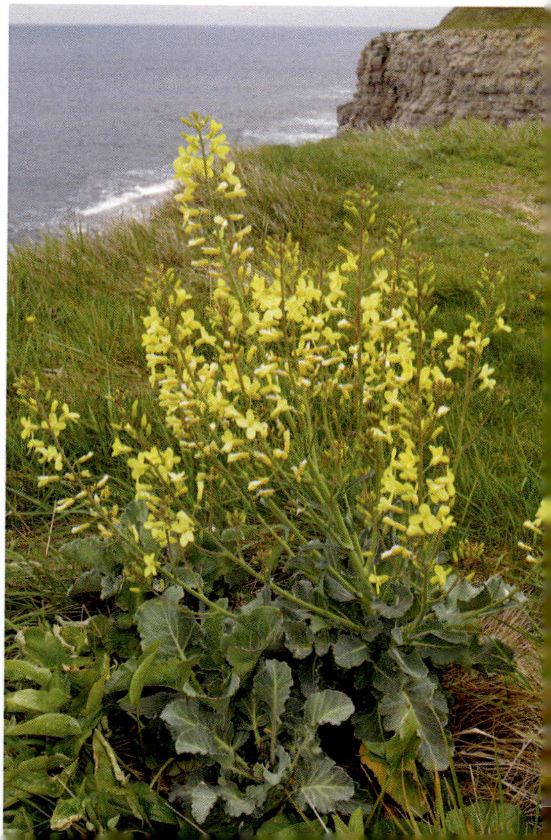

PLANTAS & HUMANOS | UMA AMIZADE HISTÓRICA

amargo. Além disso, alterações no tamanho das folhas não passavam despercebidas.

Os primeiros agricultores buscavam plantas com uma área de folhas maior, e perceberam que algumas plantas cresciam com uma sobreposição de folhas. Com folhas sobrepostas existe um aproveitamento melhor da área em volta da planta, proporcionando mais folhas em um mesmo espaço. Essa sobreposição foi resultado de uma mutação em genes chamados Fern Leaf[14], que reduziam o tamanho dos talos. Um talo menor resultava em uma planta com folhas menos espalhadas, aumentando a densidade de folhas na planta. Essa primeira etapa de seleção provavelmente originou a couve (*Brassica oleracea* var. *acephala*).

Quando apareceram plantas com um espaço entre os talos tremendamente reduzidos, folhas mais novas passaram a cobrir as folhas antigas, e as plantas começam a apresentar o que se chama de "cabeça". Os genes responsáveis por essa alteração são os chamados genes Dwarf (do inglês anão)[15]. Eles fazem parte da síntese de giberelina, um hormônio de plantas. Caso um gene Dwarf seja mutado, as plantas produzem menos giberelina e os talos crescem menos. É dessa forma que nasce o repolho (*Brassica oleracea*

FOTOS: VALERIO ROMAHN

A couve, que tem folhas grandes e sobrepostas, provavelmente foi um primeiro estágio na evolução da *Brassica oleracea*

var. *capitata*). Repare que a presença da "cabeça" do repolho justifica o termo "capitata" adicionado ao nome científico do repolho.

Talvez as duas variedades mais conhecidas de *Brassica oleracea* sejam a *botrytis* (couve-flor) e a *italica* (brócolis). Nelas ocorre o mesmo tipo de alteração morfológica: as inflorescências, de onde as flores deveriam brotar, se tornaram estruturas grandes, muito mais densas que na planta selvagem. Hoje sabemos que os genes Apetala1 e Cauliflower são os responsáveis pela transformação da *Brassica oleracea* selvagem em brócolis e couve-flor, respectivamente[16]. A mutação em

Plantas como o repolho, que têm folhas formando uma cabeça, são resultado de uma mutação. O paladar, é claro, aprovou

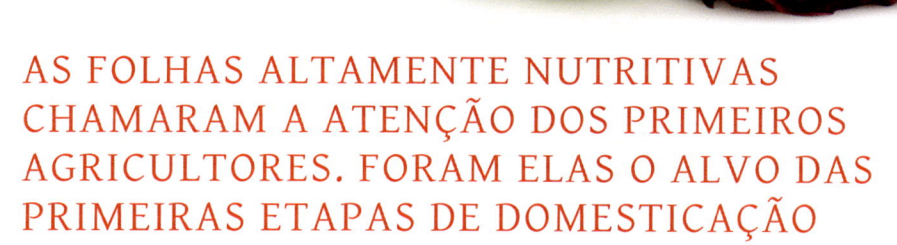

AS FOLHAS ALTAMENTE NUTRITIVAS CHAMARAM A ATENÇÃO DOS PRIMEIROS AGRICULTORES. FORAM ELAS O ALVO DAS PRIMEIRAS ETAPAS DE DOMESTICAÇÃO

Apetala1 faz com que os botões florais da planta não se tornem flores maduras. Já o gene Cauliflower faz com que o desenvolvimento das flores seja abortado, de forma que, na couve-flor, somente 10% das flores se desenvolvem corretamente[17]. Essa diferença pode ser facilmente observada: as flores de brócolis ficam paradas por muito tempo na fase de botão floral, mas são estruturas funcionais. Já as flores de couve-flor são, em sua maioria, estruturas inviáveis, incapazes de florescer. Por isso se você comprar brócolis e couve-flor e demorar muito para consumi-los, é muito mais provável que você veja o surgimento de flores no brócolis do que na couve-flor.

Uma mutação nesses genes representa um grande problema

Graças a uma mutação genética, os botões florais da couve-flor não se transformam em flores maduras

No brócolis, as estruturas florais até são funcionais, mas ficam por muito tempo na fase de botão. Se demorar para consumir, pode ser que você veja as flores desabrocharem

Do ponto de vista da planta, as mutações que geraram a couve-flor e o brócolis eram negativas, pois dificultavam a reprodução e a competição com outras espécies

para as plantas, porque suas estruturas reprodutivas, as flores, ficam comprometidas e elas perdem capacidade de competir com outras com desenvolvimento normal. Mas estamos falando de um processo de seleção artificial, e os primeiros agricultores que se depararam com essas mutações viram que na realidade elas eram bastante bem-vindas. Geravam aglomerados comestíveis mais volumosos que valiam a pena serem reproduzidos, e passaram a cuidar dessas plantas. Essa é a grande beleza da seleção artificial: ela dá ao homem o poder de decidir o que é ou não vantajoso para si. Os critérios que determinam o "mais apto" no ambiente selvagem são frequentemente muito distintos dos critérios do que é "mais adequado" aos interesses do homem.

A couve-de-bruxelas (*Brassica oleracea* var. *gemmifera*) está longe de ser uma unanimidade e é muito mais comum quem a ataque do que quem a defenda. Isso se dá provavelmente porque, se a diminuição dos níveis de glucosinóides foi uma constante na domesticação de *Brassica oleracea*, a couve-de-bruxelas é a variedade

As flores modificadas significavam mais alimento, e isso era o que importava

aonde essa redução foi menor. Isso faz com que uma grande quantidade de pessoas a considere muito amarga.

Na couve-de-bruxelas, a seleção artificial valorizou alterações que ampliavam as gemas axilares. Essas estruturas são as responsáveis por originar os ramos laterais presentes em diversas plantas. Ao invés de produzir somente ramos, elas passaram a gerar as estruturas, repletas de pequenas folhas.

Na couve-de-bruxelas uma família inteira de genes (família Squamose Promoter Binding, ou SPB) tem sua atividade diminuída em relação a outras *Brassica oleracea*[18]. Normalmente os membros dessa família de genes são reprimidos durante o crescimento da planta, mas passam a atuar quando ela começa sua fase reprodutiva, promovendo a formação de estruturas reprodutivas. Mas na couve-de-bruxelas eles têm sua expressão reduzida, transformando o ancestral *Brassica oleracea* na couve-de-bruxelas.

As variedades de *Brassica oleracea* são um caso interessante de domesticação, onde diferentes etapas de seleção artificial atuaram sobre a planta, trazendo a essa espécie uma grande diversidade de indivíduos com características diferentes. Em uma visita descompromissada a uma feira livre de qualquer cidade brasileira, quando estiver diante de uma barraca com diversas variedades de uma mesma espécie, tão próximas geneticamente e tão distantes visualmente, pense na domesticação de plantas e no quanto esse processo faz parte das nossas vidas, mesmo que você não soubesse. ✱

De todas as *Brassica oleracea*, a couve-de-bruxelas é a mais polêmica: tem níveis mais altos de glucosinóides, por isso o sabor amargo

PLANTAS PARA COMIDAS | **LUIZ MORS CABRAL**

VALERIO ROMAHN

O que é a domesticação de plantas?

A domesticação de uma espécie de planta refere-se às várias modificações genéticas em um progenitor selvagem que foram selecionadas para atender às necessidades humanas[19]. A domesticação nem sempre é um processo consciente. Hoje, melhoristas, agrônomos e agricultores fazem cruzamentos, ou selecionam plantas com as características desejadas de forma planejada. Mas durante a maior parte da história o processo de domesticação se deu de forma inconsciente. Os homens responsáveis pela seleção das plantas o faziam de forma intuitiva, sem um conhecimento consolidado por trás de suas decisões. O estudo da domesticação fornece um vislumbre da história das seleções e melhorias feitas por nossos antepassados ao longo de vários milhares de anos, durante sua transição de caçadores-coletores para fazendeiros.

A domesticação é, portanto, um processo evolutivo operando sob a influência das atividades humanas. É um processo lento ao longo do qual as plantas sob domesticação exibem uma progressão gradual do estado selvagem para um estado domesticado, apresentando diversas alterações e diferindo cada vez mais de seus progenitores ao longo do tempo. ✺

Hoje, o processo de cruzamento e seleção que dá origem a variedades como essa é planejado, mas durante a maior parte da história tudo aconteceu de forma inconsciente e intuitiva

Capítulo 5
CANA E BETERRABA, POR UMA VIDA MAIS DOCE

A cana-de-açúcar (*Saccharum officinarum*) é originária da Oceania. Acredita-se que as primeiras plantações se localizavam na Nova Guiné e datam de cerca de 6 mil anos atrás. Nada indica que a população local sabia extrair o açúcar do caule, já que não existem moedores ou outras ferramentas nos registros arqueológicos que sugiram que eles dominavam as técnicas de extração e purificação de açúcar a partir da cana. É provável que eles a consumissem da forma mais simples, chupando o caule da cana. Além disso, a cana é um excelente material para construções. É reta, resistente, maleável e tem uma outra característica impressionante: ela é incrivelmente fácil de ser propagada. A cana realiza a chamada "propagação por estaquia". Basta cortar qualquer pedaço do caule que contenha um nó e enterrá-lo em algum lugar que uma nova planta vai surgir. Uma planta gostosa, útil e fácil de propagar está fadada a se espalhar e foi exatamente isso que aconteceu.

Da Nova Guiné a cana seguiu para as ilhas do Pacífico e chegou ao continente asiático. Os hindus foram os primeiros a dominar o processo de refinar o caldo para extrair açúcar puro, por volta de 2500 a.C. A invasão da Índia pelo imperador persa Dario, em 500 a.C.,

A facilidade de cultivo ajudou a cana-de-açúcar a se espalhar pelo mundo em plantações gigantescas: basta colocar na terra um pedaço do caule com um nó que uma nova planta nasce

levou ao mundo árabe a "cana que dá mel sem abelhas" e, 180 anos depois, oficiais do exército de Alexandre, o Grande, relataram a existência, em território persa, de "mel produzido por uma cana". Demoraria ainda alguns séculos para que a planta finalmente chegasse à Europa. Os árabes a introduziram na zona do Mediterrâneo, e a cana acabou ficando na Europa após o longo processo de expulsão dos muçulmanos. Ela era cultivada principalmente na Itália, Espanha e no Sul da França mas, mesmo

Pães de açúcar

No tempo do Brasil colônia o açúcar produzido era moldado em forma de cones chamados de pães de açúcar. A semelhança serviu para batizar o turístico morro do Rio de Janeiro.

nessas regiões, o clima estava longe de ser o adequado para o crescimento dessa planta.

Antes da cana, o açúcar era um artigo extremamente raro. Era consumido através das frutas ou, quando havia a necessidade de adoçar alguma coisa, através do mel de abelhas. Era muito caro, o que contribuiu para uma aura de produto especial, ao qual eram atribuídas, inclusive, propriedades curativas. Dioscórides, em sua "De Materia Medica"[20], indica o açúcar de cana para problemas do estômago, intestino, dores na bexiga e nos rins. Daí o nome científico da planta ser *Saccharum officinarum* (que significa açúcar farmacêutico em latim).

Se a cana não crescia muito bem em território europeu, a descoberta das Américas marcou a expansão da produção em todo o mundo. Em 1493, já em sua segunda viagem às Américas, Colombo introduziu a cana na Ilha de Hispaniola, onde hoje é a República Dominicana e o Haiti. Essas primeiras plantações foram bastante lucrativas e, de certa forma, impulsionaram o interesse espanhol nos novos territórios até a descoberta de produtos mais cobiçados, como ouro e prata. Quarenta anos depois, Martim Afonso de Souza iniciou as plantações no nordeste brasileiro, dando origem a uma produção que dominaria o comércio de açúcar por muitos anos. Enquanto as nações européias lutavam pela posse de territórios nas Américas, aproveitavam a cultura açucareira para manter suas ocupações lucrativas e economicamente atraentes.

A Holanda produzia cana no Suriname; a Espanha, em Cuba, República Dominicana e Porto Rico; Portugal, no Nordeste brasileiro; os franceses, na Guiana Francesa e Martinica, enquanto os Ingleses dominavam plantações na Guiana Inglesa, Barbados, Jamaica, Trinidade, Antigua e em inúmeras pequenas ilhas caribenhas. O açúcar de cana era um negócio verdadeiramente globalizado, com as principais potências mundiais atuando em todas as etapas (do cultivo, passando pela produção, distribuição até a comercialização).

Apesar de tantos produtores distintos,

Com o consumo excessivo de açúcar vieram os problemas dentários. As extrações de dentes eram tão comuns que inspiraram obras de pintores como Gerrit van Honthorst

utilizando quantidades gigantescas de terra para um único propósito, o desejo europeu por açúcar parecia não ter fim. Não à toa a extração de dentes se tornou um tema popular para pintores do século XVII. São inúmeras telas representando o angustiante momento da retirada de dentes, a sangue frio, já que na época não havia anestésicos disponíveis.

Além de movimentar uma quantidade enorme de dinheiro, o cultivo de cana-de-açúcar alimentou outro tipo de comércio: o tráfico de escravos. A cana foi a primeira atividade econômica do Novo Mundo que dependia fortemente de mão-de-obra escrava. A colheita de cana é uma atividade inglória. As folhas da cana funcionam como verdadeiras lâminas, ferindo a pele dos trabalhadores, o que os obriga a utilizar roupas compridas e a proteger as cabeças mesmo sob o sol escaldante dos trópicos. A densidade da plantação, aliada à umidade e ao calor do ambiente, são ideais para a proliferação de todo o tipo de insetos que castigam qualquer centímetro de pele ainda descoberto pelas roupas. Ratos são frequentes, roendo os caules em busca da doçura da polpa. E com os ratos, vêm as cobras. Enfim, um ambiente terrível que demanda uma mão-de-obra extremamente numerosa que somente o jugo da escravidão poderia suprir. E assim foi feito. Uma rota de comércio triangular se estabeleceu entre os portos europeus, os portos de escravos africanos e os portos canavieiros do Novo Mundo. Navios partiam da Europa carregando armas, sal, roupas e todo tipo de bugigangas produzidas nas metrópoles destinados às colônias européias na África. Uma vez esvaziados os porões, eram novamente abastecidos, dessa vez de negros africanos destinados ao trabalho forçado nas plantações de cana das Américas. Nos portos americanos, esses eram vendidos e os navios novamente carregados de açúcar faziam a viagem de volta, completando o triângulo e iniciando um novo ciclo.

No início do século XIX, a França tinha o exército mais temido do

O cultivo da cana nas colônias do Novo Mundo alimentou o tráfico de escravos. O trabalho era inglório e demandava mão de obra numerosa

A CANA-DE-AÇÚCAR NÃO CRESCIA MUITO BEM NO TERRITÓRIO EUROPEU. A DESCOBERTA DAS AMÉRICAS MARCOU A EXPANSÃO DA PRODUÇÃO MUNDIAL

mundo. Napoleão alimentava sonhos de conquistar toda a Europa e só encontrava efetivamente um empecilho: a marinha inglesa. A Inglaterra era incapaz de enfrentar a França em terra mas era a única que podia derrotá-la no mar. E foi exatamente o que aconteceu na batalha naval de Trafalgar, em 1805. A derrota fez Napoleão mudar de estratégia: para conquistar a Inglaterra era necessário antes de qualquer coisa enfraquecê-la. Napoleão ordena então às suas nações aliadas que parassem de receber em qualquer de seus portos produtos ingleses, impondo o bloqueio continental. Mas havia um grande problema: as nações aliadas dos franceses podiam passar sem os tecidos, os chás, as tinturas e outros produtos industrializados da Inglaterra mas não podiam se privar do açúcar inglês. A França e alguns de seus aliados, como a Espanha, também produziam açúcar, mas não o suficiente. Sem o produto inglês, a Europa não podia se abastecer. A solução para esse impasse é um exemplo do poder da domesticação de plantas: extrair açúcar da beterraba (*Beta vulgaris*).

Desde 1747 já se conhecia uma maneira de extrair açúcar de beterraba. No entanto, o rendimento era baixo e, com a produção canavieira de vento em popa, não havia interesse de investir nesse processo. A primeira fábrica de açúcar de beterraba só surgiu em 1802, sob ordem do Rei da Prússia Guilherme III. Napoleão entendeu que, para obter da beterraba a quantidade necessária de açúcar, teria que aumentar o rendimento do processo de extração e, ao mesmo tempo, aumentar o conteúdo de açúcar na planta. Ele ordenou o plantio de 28 mil hectares de beterraba, deu grandes incentivos às indústrias capazes de refinar o açúcar dessa planta e, principalmente, estabeleceu prêmios para agricultores que fossem capazes de aumentar a concentração de açúcar. Logo haviam seis estações experimentais distribuídas pela França, centenas de estudantes aprendendo os processos de seleção de beterrabas melhoradas e de extração do açúcar. Em 1811, havia 40 fábricas de refino de açúcar de beterraba na França. Napoleão conseguiu, em um período extremamente curto de tempo, se livrar da dependência do açúcar inglês. Na época de Napoleão a beterraba gerava um rendimento de 6% do seu peso em açúcar. Um século depois, em 1910, esse rendimento era de 18%, e, hoje, gira em torno de 20%. O açúcar de beterraba é hoje um grande sucesso e corresponde a cerca de metade do açúcar produzido mundialmente.

A beterraba é também um excelente exemplo do que se chama

Para obter mais açúcar a partir da beterraba, Napoleão lançou uma série de desafios à indústria de refino e criou prêmios para os agricultores. A aparência do tubérculo mudou e, em um século, o teor de açúcar subiu de 6% para 18%

A beterraba usada na produção do açúcar é muito diferente da cultivada para o consumo: é esbranquiçada e não tem formato arredondado

de síndrome da domesticação. Durante seu rápido processo de seleção visando aumentar as quantidades de açúcar, algumas características da planta original são perdidas. A beterraba plantada visando a produção de açúcar é, hoje, muito diferente da beterraba que conhecemos e que consumimos para nossa alimentação. A beterraba açucareira quase não tem pigmentos, é esbranquiçada e também não possui o formato arredondado que caracteriza a beterraba para consumo. Essa é uma peculiaridade da domesticação: enquanto algumas caraterísticas são exacerbadas, outras são perdidas. A pigmentação que torna a beterraba tão atraente para o consumo não tem qualquer importância quando se trata da concentração de açúcar, e seu desaparecimento gradual nas variedades selecionadas não causou qualquer incômodo aos agricultores que buscavam maior produção açucareira.

Por seus efeitos fisiológicos, pela dependência e pelos males que causa, há quem considere o açúcar como uma droga e atribua a ele todo tipo de epidemia de doenças modernas. Independentemente de seus efeitos no corpo humano, acho que nenhum produto vegetal teve mais impacto na geopolítica mundial do que o açúcar. Basta lembrar que o cultivo de cana foi o responsável pelo estabelecimento do tráfico de escravos, um expediente econômico macabro com efeitos desastrosos a longo prazo. Aprisionar pessoas, transportá-las para o outro lado do mundo e obrigá-las a trabalhos forçados até a morte cria rusgas profundas que não se apagam facilmente. Mesmo quando a mão-de-obra deixou de ser escrava, as estruturas de poder feudal que se estabeleceram nos canaviais continuou sendo fonte de muitas injustiças. A obra de José Lins do Rego e outros livros do "ciclo da cana" explicam boa parte da situação social do Brasil de hoje. *

Capítulo 6
ABÓBORAS, DA MEGAFAUNA PARA OS HUMANOS

Plantas do gênero *Cucurbita*, que inclui abóboras e abobrinhas estão entre as primeiras e mais importantes plantas domesticadas nas Américas. O gênero inclui aproximadamente 12 espécies, pelo menos cinco das quais foram domesticadas muito antes do contato europeu nas Américas do Sul, Central e do Norte. Abóboras e abobrinhas fazem hoje parte da nossa cultura, estão espalhadas pelo mundo e são consumidas em praticamente todos os países. Um grande sucesso evolutivo que esconde o fato de que elas estiveram muito próximas da extinção.

Há aproximadamente 10 mil anos a Terra passava por mudanças profundas. A humanidade vivia a transição entre o Pleistoceno e o Holoceno, era a etapa final de um longo processo de glaciação, e os humanos primitivos começavam as experimentações com as plantas. Um dos efeitos mais dramáticos desse período foi a extinção em massa dos grandes mamíferos. Somente nas Américas estima-se que dezenas de espécies tenham desaparecido, incluindo mastodontes, mamutes e outros gigantes menos conhecidos.

Curiosamente, o registro arqueológico indica que havia uma grande variedade de cucurbitas antes do Holoceno com um declínio muito grande a partir de então, sugerindo que a grande maioria das espécies de cucurbitas tenha desaparecido ao mesmo tempo em que desapareciam os grandes mamíferos[21]. Hoje se sabe que a megafauna sofreu ação tanto das alterações climáticas quanto da atividade predatória dos seres humanos. Mas como

As abóboras pré-históricas eram amargas e tóxicas, mas animais como o mamute eram tão grandes que ingeriam e nem sentiam. Com o fim da megafauna, elas quase desapareceram. Foram salvas pela seleção das menos amargas feita pelos humanos

PLANTAS PARA COMIDAS | **LUIZ MORS CABRAL**

As primeiras cucurbitas não eram como as de hoje: tinham altas doses de cucurbitacinas, um terpeno tóxico. Eram inofensivas para a grande fauna, mas perigosas para os humanos

explicar a redução drástica nas espécies de cucurbitas?

Cucurbitas produzem terpenos chamados cucurbitacinas, que são muito amargos, além de serem tóxicos. A associação entre o gosto amargo e a toxicidade dessas substâncias desempenha um importante papel evolutivo, ajudando a proteger a planta da atividade de herbívoros: humanos e outros animais tenderiam a se manter longe de um alimento tão amargo e perigoso. A habilidade de perceber sabores amargos está diretamente relacionada à presença de receptores específicos nas papilas gustativas: sempre que uma substância amarga estiver presente vai ativar os receptores específicos e o indivíduo vai perceber o amargo no gosto. Acontece que a quantidade desses receptores cai em função inversamente proporcional ao tamanho dos animais, ou seja, animais pequenos possuem muitos receptores e animais grandes possuem poucos. Assim, cucurbitas eram palatáveis para animais da megafauna, mas, possivelmente, não para animais pequenos (incluindo humanos). Animais de grande porte, por não possuírem tantos receptores para o gosto amargo das cucurbitinas, consumiam normalmente esses vegetais. Elas continuavam sendo tóxicas para os grandes mamíferos, mas devido a sua enorme massa corporal, seria necessário que eles consumissem muitos quilos de cucurbitas para apresentar algum efeito adverso da intoxicação.

Os grandes mamíferos, portanto, eram incapazes de sentir o amargor pronunciado de abóboras e abobrinhas e consumiam normalmente essas plantas. Isso explica porque grandes quantidades de restos de abóboras e abobrinhas são encontradas em fezes fossilizadas de grandes mamíferos. As plantas eram consumidas pelos grandes animais, mas suas sementes resistiam ao processo digestivo, sendo excretadas nas fezes. O bicho comia em um lugar, andava e defecava em outro, espalhando as espécies. As cucurbitas se tornaram extremamente dependentes dos animais da megafauna para se disseminarem pela terra. Quando eles começaram a desaparecer, colocaram em risco a continuidade desse gênero: sem despertar o interesse dos humanos e perdendo seu principal meio de dispersão, várias espécies de cucurbitas desapareceram.

Se abóboras (*Cucurbita maxima*, *Cucurbita moschata*, entre outras espécies) e abobrinhas (*Cucurbita pepo*) estão hoje nas mesas ao redor do mundo, isso se deve à capacidade que os agricultores primitivos tinham de melhorar os vegetais. As alterações climáticas que ameaçavam os grandes mamíferos alteravam todo o fornecimento de alimentos para os humanos, que tiveram que se adaptar. Ao mesmo tempo em que declinava a quantidade de cucurbitas selvagens devido ao processo de extinção dos grandes mamíferos, os seres humanos começavam a observar alimentos que até então não valorizavam, entre eles abóboras e abobrinhas, e iniciando a busca por variedades menos amargas dessas plantas. Identificando a cada nova colheita, os indivíduos que por alguma mutação aleatória produziam menos cucurbitacinas foram gerando alimentos melhorados, aptos ao consumo humano. O processo de domesticação atuou sobre abóboras e abobrinhas no sentido de modificar seu sabor. Foi a capacidade dos humanos de perceber alterações nas plantas, selecioná-las e perpetuá-las que impediu que abóboras e abobrinhas tivessem o mesmo fim que mastodontes e mamutes. Ao selecionarem, geração após geração, plantas com conteúdo cada vez menor de cucurbitinas, tornaram abóboras e abobrinhas mais gostosas e menos tóxicas, resgatando essas plantas da extinção e garantindo um lugar para elas no mundo moderno. ✳

Para poder consumir as cucurbitas, os agricultores primitivos tiveram que melhorá-las: eles foram selecionando as plantas com mutações que deixavam o vegetal menos amargo e, portanto, menos tóxico. Hoje existe uma enorme variedade de cultivares

Capítulo 7
A VIDA PERIGOSA DOS COMEDORES DE MILHO

O milho (*Zea mays*) foi uma das poucas plantas que Cristóvão Colombo citou no diário da sua primeira viagem. Ele também teria levado consigo as primeiras amostras para a Europa. Praticamente todos os cronistas do descobrimento escrevem sobre o milho nas Américas. Mas as notícias sobre o cultivo na Europa são muito esparsas. Garcilaso de la Vega, em seu "Comentários reales", de 1609, escreveu que o milho era cultivado na Andaluzia; Pedro Martir de Angleria, no "Décadas do Novo Mundo", relatou o cultivo em Milão; e Oviedo, no "História Natural e Geral das Índias", identificou o milho em Madri.

O problema com esses relatos é que sempre existe a dúvida sobre se eles de fato se referiam ao milho. Antes da classificação de Lineu, a identificação das plantas não era simples, e com facilidade atribuía-se a uma planta o nome que na realidade designava outra espécie. O milho, espécie nova e pouco conhecida, foi muitas vezes confundido com o sorgo (*Sorghum bicolor*). Além disso, em grande parte da Europa, utilizava-se o termo "grano turco" para descrever qualquer planta de origem exótica, então nunca se sabe se era o milho a planta que se queria descrever.

Cristóvão Colombo conheceu o milho já em sua primeira viagem às Américas e levou o grão para a Europa

Há inúmeras variedades de milho além do amarelo da espécie-tipo, mostrada na ilustração botânica. Variedades criollas frequentemente apresentam grãos com cores diferentes na mesma espiga

PLANTAS PARA COMIDAS | **LUIZ MORS CABRAL**

Essas dificuldades de terminologia fazem com que seja difícil saber até que ponto o milho já estava inserido na Europa no século XVI. A mais confiável informação sobre a difusão do milho na Europa não vem de um livro ou carta, mas sim de uma pintura. É o quadro "Alegoria do Verão", do pintor italiano Giuseppe Arcimboldo. No quadro de 1567 ele usa uma espiga de milho como orelha de um personagem montado com uma composição de diversos vegetais. Acho interessante que a espiga esteja no lugar da orelha na pintura, e acredito que não seja uma coincidência. As espigas de milho são chamadas de "ear" em inglês. A possibilidade que Arcimboldo soubesse disso aumenta a certeza de que o milho era bem difundido na Europa já na segunda metade do século XVI. Mas o indício definitivo da importância que o milho assumiu na alimentação dos europeus é fornecido pela descoberta de uma nova doença, a pelagra.

A pelagra (do italiano pele + agra, ou pele áspera) é uma doença grave que se manifesta primeiramente como feridas na pele, mas pode levar à demência e até à morte. Ela certamente já se manifestava na Itália desde os anos 1600, mas sua causa era ignorada. Também chamada de "mal do solstício", ela aparecia exatamente no início do solstício da primavera. Durante os longos e rigorosos invernos, na falta de maiores recursos, a dieta baseava-se quase unicamente em milho. Com a volta da primavera, a dieta podia enriquecer-se com leite, queijo e outros produtos que reequilibravam a alimentação. Não demorou para que se fizesse relação entre a pelagra e uma

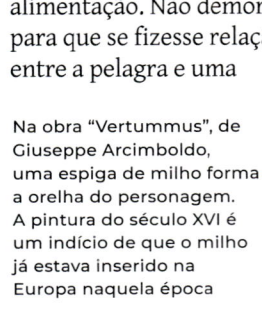

Na obra "Vertummus", de Giuseppe Arcimboldo, uma espiga de milho forma a orelha do personagem. A pintura do século XVI é um indício de que o milho já estava inserido na Europa naquela época

PLANTAS PARA COMIDAS | **LUIZ MORS CABRAL**

alimentação baseada em milho. Era sabido que os índios do novo mundo consumiam basicamente milho ao longo de todo o ano, mas não havia nenhum relato de doenças semelhantes nas Américas, tornando difícil afirmar que o consumo de milho era a verdadeira causa da pelagra. A pelagra passou a ser sinônimo de pobreza e se tornou uma bandeira de luta para anarquistas e outros grupos de esquerda. É o que indica a publicação na região italiana de Mântua do jornal revolucionário "Il Pellagroso", que nos anos 1880 unia grupos de esquerda que combatiam a favor dos depauperados.

Nos Estados Unidos a doença também chegou juntamente com o milho. Exatamente quando ele passa a fazer parte substancial da dieta das populações mais

O milho foi uma adição importante à alimentação dos europeus: no inverno, quando os recursos eram escassos, às vezes era o único alimento, e isso fez aumentar os casos de pelagra

Nas Américas, o grão era a base da alimentação dos nativos. Curiosamente, eles não eram atacados pela pelagra, como os europeus

O médico Joseph Goldberg foi o primeiro a desconfiar de que o consumo excessivo de milho seria a causa da epidemia de pelagra nos Estados Unidos. Morreu antes que a ciência aceitasse sua teoria

pobres do sul, a pelagra ganha status de epidemia. Mas ainda não estava claro se ela era causada por alguma deficiência nutricional do milho ou por algum vírus, fungo ou bactéria possivelmente presente no milho mal armazenado.

Quem começa a solucionar o mistério é o médico norte-americano Joseph Goldberger[22]. Trabalhando em orfanatos e hospitais psiquiátricos, ele observou que a doença acometia os internos mas nunca os médicos e enfermeiros dessas instituições. Ora, microorganismos não costumam diferenciar entre pacientes ou médicos, e isso fez com o que Goldberger passasse a confiar que a doença era causada por alguma deficiência nutricional presente no milho (médicos e enfermeiros costumavam ter dietas mais ricas que seus pacientes psiquiátricos). Ao longo dos anos 1920, ele conduziu experimentos dentro dessas instituições que só aumentaram sua certeza. Alimentou crianças e doentes mentais com dietas equilibradas e com dietas baseadas em milho, notando que, quando bem alimentadas, a pelagra sumia. Fez também experimentos com prisioneiros voluntários do Mississippi, que participavam como cobaias em troca do perdão (Goldberg contava com a colaboração do então governador do Mississipi Earl Brewer). Os voluntários consumiram uma dieta à base de milho, e seis dos onze participantes contraíram pelagra após cinco meses. Mesmo assim havia enorme descrença de que sua hipótese estivesse certa. O que o Dr. Goldberg propunha era que para deter a doença deveria acontecer uma profunda alteração na ordem social, e os trabalhadores rurais precisariam ter acesso a outras fontes de alimento além do milho.

Goldberg acabou morrendo de câncer sem ver aceita sua hipótese da carência nutricional do milho. Em parte, permanecia o argumento contrário de que populações muito pobres da América Latina viviam basicamente de milho e não apresentavam pelagra. Dois eventos no início da década de 1930, no entanto, resultaram em uma diminuição na incidência da doença. Um deles foi a contaminação das plantações de algodão americanas com o bicudo-do-algodoeiro (*Anthonomus grandis*), fazendo com que os produtores tivessem que diversificar a produção e que plantas destinadas à alimentação ganhassem espaço nas fazendas. Outro foi o fim da lei seca Norte Americana, que permitiu aos pequenos agricultores fazer cerveja.

Finalmente percebeu-se que a pelagra era resultado da ausência de

A Lei Seca nos Estados Unidos incentivou muito a volta da fabricação da cerveja artesanal, que impede a pelagra. Nas fotos de 1933, a celebração pela liberação do álcool nos EUA

uma vitamina na alimentação, a niacina, uma das vitaminas do complexo B. Acontece que a niacina é formada a partir do aminoácido triptofano, e o milho é extremamente pobre nesse aminoácido. A niacina passa a ser conhecida também como vitamina PP (Protetora da Pelagra). O consumo de cerveja de fato impede a pelagra. Desde que seja cerveja artesanal, pois elas normalmente ainda possuem restos das leveduras utilizadas na fermentação, e estas são ricas em niacina[23]. Cervejas industrializadas geralmente passam por processos de filtragem que retiram o levedo e perdem a capacidade de proteger contra a pelagra.

Mas por que os índios da América Latina nunca tiveram problemas com a pelagra? A resposta para essa pergunta é fabulosa e têm duas explicações: O milho é, de fato, muito pobre em triptofano, mas possui quantidades razoáveis de niacitina, que é uma forma de niacina não assimilável pelo corpo humano (conjugada com açúcares e proteínas). Um tratamento alcalino do milho é capaz de remover esses açúcares e proteínas ligados à niacina[24]. Os índios latino-americanos ferviam o milho em uma mistura

PLANTAS & HUMANOS | UMA AMIZADE HISTÓRICA

Entre os índios latino-americanos, o preparo do milho envolvia a nixtamalização, que é a fervura dos grãos em água e cinzas de árvores. Com isso, a niacina, a substância prejudicial à saúde, era eliminada. Os europeus "importaram" o milho, mas não a forma de preparo

de água e cinzas de casca de árvore queimadas. A cinza em água forma uma solução alcalina que é capaz de, durante o processo de fervura, converter a nicitina em niacina. Esse processo recebe o nome de nixtamalização (do nauatle *nextli*= cinza + *tamali*= massa de milho) e nunca foi bem compreendido pelos pioneiros europeus na América. O milho atravessou o Atlântico e dominou a Europa, mas a nixtamalização não. Permaneceu associada aos hábitos "bárbaros" dos habitantes do Novo Mundo. Até hoje esse ainda é um hábito na culinária mexicana e em tribos indígenas espalhadas pela América Latina.

O AMARANTO

A nixtamalização é uma adaptação cultural belíssima à deficiência de triptofano presente no milho, mas não é a única. Juntamente com o milho, nos altiplanos da América Central, os astecas cultivavam uma planta muito interessante: a kiwicha. A kiwicha é possivelmente uma das plantas mais bonitas da Terra. As cores de suas flores, caules, folhas, e, principalmente, seus aglomerados de sementes emprestam aos campos tonalidades roxas, vermelhas e douradas que mais parecem cenários de sonhos.

A planta é fácil de crescer e muito resistente às intempéries. Tolera seca, calor, pestes, e produz quantidades inacreditáveis de sementes — até 100 mil por planta. Essas são bem saborosas, e, quando aquecidas, resultam em uma interessante pipoca. O grão também faz uma farinha muito versátil, o que justifica a importância que essa planta conquistou na dieta e na sociedade asteca, dividindo com o milho o papel de principal fonte de alimento.

Todo mês de dezembro os astecas celebravam seu deus Huitzilopochtli

PLANTAS PARA COMIDAS | **LUIZ MORS CABRAL**

e as cidades eram enfeitadas com estátuas feitas de kiwicha e mel. No final das festividades, as estátuas eram quebradas e os pedaços distribuídos entre a população para serem comidos. Cada cidadão, portanto, comia um pedaço do deus. Essa prática permanece até hoje entre as populações rurais mexicanas durante a celebração do Dia de Mortos, quando crânios de kiwicha e mel são feitos para depois serem comidos.

Kiwicha é conhecida fora do México como amaranto. Sua variedade mais consumida, *Amaranthus caudatus*, foi domesticada entre 6.000 e 8.000 anos atrás no planalto mexicano, a partir da planta selvagem, *Amaranthus cruentus*.

É interessante que a domesticação tenha resultado em uma planta com níveis substancialmente aumentados exatamente de triptofano, o aminoácido que no milho é tão empobrecido.

O amaranto era outro que evitava a pelagra nos nativos. A especie, que era parte importante da dieta dos indígenas, é rica em triptofano, o nutriente que falta no milho

O consumo de milho trouxe consigo dois exemplos belíssimos de co-evolução. Culturalmente os astecas desenvolveram o hábito da nixtamalização, ao mesmo tempo que selecionaram, ao longo dos anos, plantas com conteúdo aumentado de triptofano e as elevaram à condição de planta fundamental na sua dieta. Dessa forma, contornaram os problemas da deficiência de triptofano do milho. *

Referências

1- Darwin, Charles. 1859. **A Origem das Espécies.** Hemus – Livraria Editora Ltda, São Paulo, SP. 1974

2- Zhao, Z. The middle Yangtze region in China is one place where rice was domesticated: phytolith evidence from the Diaotonghuan Cave, northern Jiangxi. **Antiquity** - Vol. 72. 887-897, 1998.

3- Wang, X., Sun, C., Cai, H. et al. Origin of the Chinese cultivated rice (Oryza sativa L.). **Chinese Science Bulletin.** 44, 295–304, 1999.

4- Amanda, J.G., Thomas, H.T., Jason, C., Steve, K. and Susan, McC. Genetic Structure and Diversity in Oryza sativa L. **GENETICS,** vol. 169 no. 3 1631-1638, 2005.

5- Changbao, Li, Ailing, Z., Tao, S. Genetic Analysis of Rice Domestication Syndrome With the Wild Annual Species, *Oryza Nivara.* New Phytologist 170(1):185-93, 2006.

6- Buttery, R. 2-Acetyl-1-pyrroline : An important aroma component of cooked rice. **Chemistry & Industry** 958-959, 1982.

7- Ahn, S.N., Bollich, C.N. and Tanksley, S.D. RFLP tagging of a gene for aroma in rice. **Theoret. Appl. Genetics** 84, 825–828. 1992.

8- Kato, S. and Ishikawa, J. On the inheritance of the pigment of red rice. **Japanese Journal of Genetics.** Vol 1, 1–7. 1921.

9- Sweeney, M., Thomson, M., Pfeil, B. And Mccouch, S. Caught red-handed: Rc encodes a basic helix-loop-helix protein encoding red pericarp in rice. **The Plant Cell** 18: 283-294. 2006.

10- Maillard, L.C. Action of amino acids on sugars. Formation of melanoidins in a methodical way. **Compt Rend.** 154:66–68. 1912.

11- Mottram, D., Wedzicha, B. & Dodson, A. Acrylamide is formed in the Maillard reaction. **Nature** 419, 448–449. 2002.

12- Darwin, Charles. 1875. **The variation of animals and plants under domestication.** London: John Murray. 2nd edn. 2007.

13- Theophrastus. **De causis plantarum: Vol. I,** Books I-II. Harvard University Press, 1976.

14- Wills, A.B. A Preliminary Gene List In Brassica Oleracea. **Eucarpia Cruciferae News:** 22-24. 1977.

15- Hong, J.K., Kim, J.A., Kim, J.S., Lee, S.I., Koo, B.S., Lee, Y.H. Overexpression of Brassica rapa SHI-RELATED SEQUENCE genes suppresses growth and development in Arabidopsis thaliana. **Biotechnol Lett.** Aug;34(8):1561-9. 2012.

16- John, L. B., John, A., Weigel, D., Elliot M., David R.S. Control of flower development in Arabidopsis thaliana by APETALA1 and interacting genes. **Development** 119(3):721-743. 1991.

17- Carr, S.M., Irish, V.F. Floral homeotic gene expression defines developmental arrest stages in Brassica oleracea L. vars. botrytis and italica. **Planta.** 201(2):179-88. 1997.

18- Schwab, R., Palatnik, J.F., Riester, M., Schommer, C., Schmid, M., Weigel, D. Specific effects of microRNAs on the plant transcriptome. **Dev Cell.** Apr;8(4):517-27. 2005.

19- Doebley, J.F., Gaut, B.S., Smith, B. The molecular genetics of crop domestication. **Cell.** Dec 29; 127(7):1309-21. 2006.

20- Stannard, Jerry; edited by M. Florkin. **Dioscorides and Renaissance Materia Medica.** Materia Medica in the XVIth Century. Oxford: Pergamon. pp. 1–21. 1966.

21- Daniel, H.J., Martin, P.S. Neotropical Anachronisms: The Fruits the Gomphotheres Ate. **SCIENCE** 01 JAN: 19-27. 1982.

22- Evans, B.K., Feinstein, A.R. Joseph Goldberger: an unsung hero of American clinical epidemiology. **Ann Intern Med.** 121 (5): 372–75. 1994.

23- van Veen, A.G and Steinkraus, K.H. Nutritive value and wholesomeness of fermented foods. **J. Agric. Food Chem.,** 18, 4, 576–578. 1970.

24- Maria, C.A.B; Moreira, R.F.A. A intrigante bioquímica da niacina: uma revisão crítica. **Quím. Nova,** São Paulo, v. 34, n. 10, p. 1739-1752. 2011.